NOTICE DESCRIPTIVE

DE

L'HORLOGE

ASTRONOMIQUE

DE L'ÉGLISE CATHÉDRALE DE BESANÇON.

BESANÇON,

J. JACQUIN, IMPRIMEUR-LIBRAIRE.

1860.

VUE DE L'HORLOGE ASTRONOMIQUE DE LA CATHÉDRALE DE BESANÇON

par M.A.L. Vérité, de Brauvais (Oise)

NOTICE DESCRIPTIVE

DE

L'HORLOGE

ASTRONOMIQUE

DE L'ÉGLISE CATHÉDRALE DE BESANÇON.

BESANÇON,

J. JACQUIN, IMPRIMEUR-LIBRAIRE.

—

1861.

NOTICE DESCRIPTIVE

DE

L'HORLOGE ASTRONOMIQUE

DE L'ÉGLISE CATHÉDRALE DE BESANÇON.

Cette horloge a été établie d'après les ordres et sous les auspices de Son Eminence Mgr le Cardinal MATHIEU, Archevêque de Besançon,

Par A.-L. VÉRITÉ, fabricant d'horloges publiques, mécaniques et électriques, à Beauvais (Oise), breveté de Sa Majesté l'Empereur, fournisseur des chemins de fer, membre de plusieurs sociétés savantes.

Ce fut en octobre 1857 que Son Eminence Mgr le Cardinal Mathieu, Archevêque de Besançon, confia à M. Vérité l'exécution de l'horloge qu'il désirait faire établir pour sa cathédrale, afin de répondre aux pieuses intentions d'une personne généreuse.

La pensée de Monseigneur Mathieu était, tout en mesurant le temps et en indiquant les différentes combinaisons qui en résultent, de montrer que Notre Seigneur nous a rendu, par sa mort et sa résurrection, l'heureuse éternité que le péché nous avait condamnés à perdre et à laquelle nous parvenons par le bon emploi du temps. C'est pour cela qu'il a désiré que la Résurrection dominât le tout, et que les divisions usuelles du temps fussent sonnées par l'archange saint Michel, qui pèsera les actions des hommes au jour du jugement, par l'archange saint Gabriel, qui annonça à Daniel l'époque précise de la Rédemption, et par les Apôtres, qui en répandirent la nouvelle dans tout l'univers. La Vierge Immaculée, protectrice de tout le diocèse, devait couronner l'horloge et y paraître semblable à la statuette donnée à l'église de Gray après le choléra, et, en baissant son sceptre au moment de la Résurrection, indiquer que devant Jésus-Christ tout genou doit fléchir au ciel, sur la terre et dans les enfers.

Ainsi l'idée spirituelle de l'horloge n'est pas la mort qui enlève le temps à l'homme, mais le Sauveur qui le lui rend.

Pour répondre à ces vues de Monseigneur Mathieu, M. Vérité dut s'en pénétrer et prendre ses points de départ en conséquence.

L'étude du mécanisme, sa disposition, sa combinaison et le plan d'ensemble, demandèrent six mois, après lesquels M. Vérité fit commencer dans ses ateliers l'exécution de cet ouvrage, qui a exigé deux ans et demi d'un travail soutenu et sans interruption.

Avant de donner les détails du mécanisme, qui est composé d'environ trente mille pièces en acier et en

cuivre verni, nous croyons utile de décrire d'abord le
monument qui renferme les divers moteurs de l'horloge, au nombre de treize, et l'usage des soixante-
cinq cadrans qui se trouvent compris dans l'orne-
mentation même, ainsi que les fonctions des diverses
statuettes mouvantes qui décorent, sur la façade, les
principales niches réservées dans la partie supérieure. Le plan placé en tête de cette notice aidera
beaucoup le lecteur qui voudra se rendre un compte
exact de toutes les fonctions que remplit cette horloge, et donnera en même temps une idée de la disposition de son ensemble.

Le style qui a été adopté est celui de la renaissance.

Le monument a 5 mètres 80 centimètres de hauteur, sur 2 mètres 50 centimètres de largeur et
90 centimètres de profondeur. On peut diviser la
hauteur en quatre parties très distinctes : d'abord la
base ou chevalet qui supporte les autres parties supé-
rieures de l'horloge ; cette première partie est faite en
fer fondu, et composée de huit pilastres réunis par des
panneaux formés d'arcades plein-cintre supportées
par des colonnettes cannelées, entre lesquelles se
trouvent placés des ornements en relief ; les faces
visibles des pilastres sont enrichies de statuettes
d'anges ayant les mains jointes et les ailes à demi
déployées. Il a été réservé dans le compartiment
compris entre les deux pilastres du milieu, un espace
circulaire garni à sa circonférence d'une bordure
formant encadrement. Cette partie doit être consa-

créc à un planétaire dont il sera fait mention plus loin.

La seconde partie se compose de huit colonnes cannelées, avec chapiteaux corinthiens, tous d'un dessin différent. Ces colonnes, ornées de chimères à la base, sont enrichies vers le milieu d'attributs et d'ornements religieux, et supportent toutes une corniche au-dessus de laquelle sont superposées les deux autres parties. Quatre de ces colonnes forment, sur la façade principale représentée par la gravure, trois compartiments, dont celui du milieu, plus espacé que les deux autres, renferme une première série de dix-sept cadrans, rangés sur deux rangs autour d'un cadran central indiquant le quantième du mois et les mois de l'année. Les huit petits placés autour de ce premier cadran donnent, dans l'ordre suivant, les diverses indications qui leur sont propres : Le cadran supérieur reproduit l'équation du temps, c'est-à-dire la différence du temps vrai au temps moyen ; les deux autres placés immédiatement dessous et de chaque côté indiquent, jour par jour, celui à la gauche de l'observateur, quelle est la durée du jour, et celui placé à sa droite, quelle sera la longueur de la nuit ; pour les deux horizontalement placés, celui de gauche indique les quatre saisons, et celui de droite les douze signes du zodiaque ; au centre du cadran inférieur, dépourvu d'aiguilles indicatives, on a réservé une ouverture ou guichet laissant voir le millésime de l'année courante ; au-dessus et de chaque côté de

ce même cadran, deux autres indiquent, l'un à gauche
les jours de la semaine, et l'autre à droite les signes
des planètes donnant le nom à chaque jour. Ces neuf
cadrans en émail sont garnis chacun d'une lunette
dorée en forme de demi-jonc, et sont tous préservés
par une glace contenue dans un grand cadre également doré.

Viennent maintenant les huit autres cadrans, beaucoup plus grands que les précédents; ceux-ci sont
peints sur glace et garnis d'émaux, encadrés dans des
médaillons en cuivre doré; celui supérieur divise les
minutes du temps moyen et donne par cette même
raison les secondes; la disposition est telle que la
roue d'échappement de l'horloge occupe son centre;
c'est donc l'axe de cette même roue qui porte l'aiguille
des secondes. Les deux placés au-dessous indiquent,
pour chaque jour de l'année, celui de gauche à quelle
heure et à quelle minute le soleil s'est levé; et celui
de droite également à quelle heure et à quelle minute
il se couchera le soir; les cinq autres composent le
comput ecclésiastique; tous les ans au 31 décembre,
à minuit, les aiguilles de ces cadrans, en se déplaçant,
donnent pour l'année qui commence toutes ses indications : le premier à gauche marque le nombre d'or,
le deuxième le cycle solaire, le troisième les épactes,
le quatrième la lettre dominicale, et enfin le cinquième l'indiction romaine. Tous ces cadrans sont
préservés chacun par une glace contenue dans une
lunette dorée, et le milieu étant à jour, tout le méca-

nisme devient visible. Une riche draperie surmonte cette série de dix-sept cadrans, au-dessous desquels on aperçoit la partie inférieure du pendule à compensation, dont la longueur est telle qu'il fait une oscillation par seconde.

Les rouages moteurs représentés de chaque côté de ce même pendule sont ceux qui répètent les quarts et les heures sur des timbres à l'intérieur de la chambre où se trouve placée l'horloge.

Au-dessous du pendule existe un limbe donnant en degrés et fractions l'amplitude de ses oscillations, et un peu en avant, un écusson supporté par deux Génies contient une inscription en émail destinée à perpétuer le souvenir de la construction de l'horloge. Cette inscription est ainsi conçue :

COMMANDÉE PAR SON ÉMINENCE MONSEIGNEUR LE CARDINAL MATHIEU,
ARCHEVÊQUE DE BESANÇON.
CONÇUE ET EXÉCUTÉE PAR A.-L. VÉRITÉ, HORLOGER-MÉCANICIEN
A BEAUVAIS (OISE).
COMMENCÉE EN MARS 1858. TERMINÉE EN AOUT 1860.

Entre la base ou chevalet et l'inscription ci-dessus mentionnée, existe un dauphin dont l'usage sera connu quand nous expliquerons la partie mécanique de cette horloge.

Les entre-colonnements à droite et à gauche du compartiment du milieu dont nous venons de donner la description, contiennent chacun une série de dix cadrans séparés par une légende indiquant leur usage; les huit cadrans inférieurs dans chaque compartiment reproduisent l'heure et la minute de seize points principaux du globe. Ces divers points sont les capitales suivantes : Paris, Rome, Vienne, Saint-Pétersbourg, New-Yorck, Alger, Londres, Batavia, Jérusalem, Pékin, Taïti, Cayenne, Sydney, Madrid, Constantinople, Calcutta. Tous ces cadrans sont divisés en vingt-quatre heures, afin d'avoir les douze heures de jour et les douze heures de nuit. Ils sont également divisés en soixante minutes; ils indiquent donc l'heure et la minute de leur méridien respectif, et si c'est l'heure de jour ou de nuit : l'intérieur de ces cadrans est également à jour pour laisser voir le mécanisme de chacun d'eux.

Dans le compartiment de gauche, au-dessus des huit cadrans dont nous venons de parler, s'en trouvent encore deux autres dont la légende qui les surmonte fait connaître l'usage. Ces deux cadrans reproduisent le retour périodique des éclipses de soleil et de lune. Ce sont les Chaldéens qui ont les premiers fait cette découverte. C'est pourquoi ce cycle a toujours depuis conservé le nom de révolution chaldéenne.

Les deux cadrans semblables placés dans l'autre compartiment indiquent, ainsi que l'explique également la légende qui les surmonte, le premier les années simples ou bissextiles, et le second les siècles communs ou bissextils. Cette période des siècles bissextils ne met pas moins de quatre mille quatre cents ans à s'accomplir.

La troisième partie de la façade au-dessus de la

*

corniche se compose, au milieu, d'un très bel écusson
supporté par une tête d'ange et ayant à son centre le
principal cadran de l'horloge, indiquant l'heure et la
minute au méridien de Besançon. Nous ferons remarquer, en passant, que le cadran des secondes se trouve
placé immédiatement au-dessous, qu'en conséquence
on peut d'un seul coup d'œil connaître l'heure, la
minute et la seconde de Besançon.

A droite de ce cadran principal on a placé les armes
de Son Eminence, trois croix d'or sur fond d'azur,
surmontées du chapeau de cardinal.

A gauche de ce même cadran et faisant pendant à
celles de Monseigneur Mathieu, sont placées également les armes du chapitre de la métropole.

Les deux niches surmontant les deux armoiries
dont nous venons de parler renferment les douze
Apôtres; six sont placés dans chacune d'elles, et à
chaque heure les deux statuettes qui occupent les
niches rentrent d'elles-mêmes dans l'intérieur, et deux
nouvelles viennent s'y présenter pour sonner l'heure
au moment précis. Chaque statuette tient d'une main
une petite clochette sur laquelle elle frappe, avec l'instrument de sa dignité ou de son martyre, le nombre
de coups voulu.

Ces deux niches sont surmontées de rinceaux à jour
formant deux coupoles, sur lesquelles se trouvent les
deux archanges saint Michel et saint Gabriel, sonnant
l'un le premier et l'autre le second coup de chaque
quart.

Un peu au-dessus du grand cadran indiquant l'heure de Besançon, sont encore réservées trois autres niches, renfermant les trois vertus théologales ; la statuette de la Foi occupe celle du milieu, l'Espérance est à sa droite, et la Charité à sa gauche. Ces trois statuettes fonctionnent aussi à chaque heure ; au moment où les Apôtres rentrent dans l'intérieur, l'Espérance et la Charité font un mouvement sur elles-mêmes en se tournant vers la Foi. Cette fonction accomplie, la Foi à son tour présente à l'une et à l'autre le calice de bénédiction, et elles reprennent alors leur position première.

La partie supérieure du monument se termine par un temple dont la base est un roc au milieu duquel on aperçoit sur le devant le bout du sépulcre où fut mis Notre Seigneur après sa mort. Deux soldats armés chacun d'une pique et placés de chaque côté en gardent l'entrée ; au moment où midi sonne, la pierre recouvrant le sépulcre est renversée, et Notre Seigneur en sort victorieux de la mort. A sa vue, les deux soldats préposés à sa garde tombent frappés de terreur. Aussitôt après la résurrection, une musique très harmonieuse, dont nous aurons occasion de parler plus loin, fait entendre le chant joyeux d'*O filii*. A trois heures, la scène change : Notre Seigneur rentre dans le sépulcre, la pierre le recouvre et les soldats viennent en reprendre la garde. Dans ce moment la musique laisse entendre le chant du *Stabat Mater*.

La très sainte Vierge domine le monument, elle

reposé sur un globe ayant à ses pieds l'ancre de salut. Le sceptre qu'elle tient à la main est abandonné par elle au moment de la résurrection de son divin Fils.

Les deux dessins qui accompagnent la façade principale représentent les deux côtés placés en retour d'équerre du monument. Ils contiennent chacun treize cadrans et médaillons ; les quatre principaux, placés au milieu, à la partie inférieure, sont des peintures représentant plusieurs ports de mer : sur le côté de droite, on aperçoit d'abord le Havre, puis au-dessous le mont Saint-Michel, ensuite Dieppe et enfin Cayenne ; sur le côté gauche se trouvent placés dans le même ordre, d'abord la Pointe-à-Pitre, puis au-dessous Sainte-Hélène, ensuite Port-Louis et enfin la rade de Brest. Chacun de ces médaillons est garanti par une glace et laisse voir des flots toujours en mouvement, ainsi que l'aspect du ciel qui change à chaque instant. On voit, par exemple, un nuage poindre à l'horizon, le ciel s'obscurcir de plus en plus et la mer devenir très houleuse ; les petits navires en pleine mer sont alors agités d'un mouvement de roulis très prononcé, puis peu à peu le ciel s'éclaircit et la mer redevient calme. La combinaison de ces effets est telle, qu'ils ont lieu à des moments imprévus. Nous croyons inutile de faire remarquer ici que tous ces mouvements n'ont absolument rien de scientifique ; l'auteur n'a eu d'autre pensée que de donner plus d'attrait et plus d'animation à chaque peinture et d'augmenter l'illusion des effets de la mer.

La partie toute scientifique consiste dans la reproduction exacte du phénomène des marées, lesquelles s'opèrent et ont lieu à l'horloge au même moment qu'au port même. La mer s'élève pendant un quart de jour lunaire, pour se retirer ensuite pendant le même espace de temps; on voit alors la plage et les roches, abandonnées par la mer, se découvrir de plus en plus jusqu'au moment de la basse mer; puis la mer, en montant à nouveau, finit par les dérober entièrement à la vue du spectateur.

Cette reproduction du phénomène des marées ne serait cependant pas complète si la mer s'élevait toujours dans l'horloge à la même hauteur pour redescendre ensuite également au même niveau pendant la durée d'une lunaison; mais il n'en est pas ainsi. La reproduction des grandes marées par rapport à l'âge de la lune s'y fait régulièrement sentir, et la combinaison des rouages est telle, qu'il n'y a que deux tierces de différence par chaque lunaison.

Il a été placé en regard et aux côtés de chacune des peintures des ports, deux cadrans dont voici l'usage : sur l'un des deux, on a reproduit les douze heures et les minutes de chacune d'elles; les aiguilles de ces cadrans restent fixes pendant la durée du jour; mais un moteur astronomique placé dans l'intérieur du mécanisme vient à minuit leur communiquer un déplacement et leur faire indiquer en moyenne à quelle heure et à quelle minute aura lieu la pleine mer, à chaque port, pendant la journée qui commence.

Les autres cadrans faisant pendant à ceux-ci indiquent l'âge de la lune au méridien de chaque port.

Les légendes placées au-dessus de ces médaillons et des cadrans de marée, indiquent pour chaque côté les fonctions qu'ils remplissent.

Au-dessus de ces compartiments, on voit encore un cadran dont la légende explique l'usage.

Sur le compartiment de gauche, c'est l'heure moyenne du passage de la lune au méridien de Besançon, et sur celui de droite, la lune montre ses phases au même lieu.

Nous allons maintenant dire un mot du planétaire qui est placé sur le devant et au milieu du chevalet.

Ce système céleste est celui de Copernic, le soleil en occupe le centre, et autour de lui gravitent les planètes suivantes :

D'abord Mercure,

Puis Vénus ;

Vient ensuite la Terre emportant avec elle son satellite la Lune ;

Au delà circulent Mars, puis Jupiter et enfin Saturne.

Toutes ces planètes accomplissent leur révolution autour du soleil dans le temps qui est propre à chacune d'elles, et les éclipses annoncées par les cadrans de la période chaldéenne viennent s'y reproduire.

En dehors de toutes ces indications, cette horloge
fait aussi mouvoir les aiguilles de huit autres cadrans
donnant encore diverses indications différentes, et
placés à des distances plus ou moins éloignées; ce sont
d'abord quatre cadrans en lave de Volvic émaillée
placés sur chaque face de la tour de la cathédrale : le
plus grand, ayant 3 mètres de diamètre, indique, en
plus de l'heure et des minutes, le quantième du mois;
la combinaison du mécanisme de la cadrature est
établie de manière que l'aiguille du quantième arrive
en son temps au 1er de chaque mois, quoique le pré-
cédent ait été plus ou moins long.

Les trois cadrans placés sur les autres faces de la
tour ont chacun 2 mètres de diamètre, et indiquent
également les heures et les minutes; de plus, en dehors
de ces indications, le premier donne les jours de la
semaine, le second les phases de la lune, la combinaison du rouage ne laisse aucune erreur à la fin de
chaque lunaison; et enfin le troisième les mois de
l'année, au moyen d'une aiguille faisant une révolution
par année en marchant d'un mouvement continu.

Enfin, l'heure est transmise électriquement sur
quatre cadrans, dont l'un est placé dans l'église, le
second dans le cloître, le troisième dans la cour de la
maîtrise, et le quatrième à l'archevêché, dans la partie du bas; un commutateur est disposé à cet effet
à l'horloge et fonctionne toutes les vingt secondes.

Il y a donc soixante-treize cadrans différents placés
à des distances plus ou moins éloignées de l'horloge.

Ces soixante-treize cadrans donnent cent vingt-deux indications, depuis la plus courte division du temps, une seconde , jusqu'à une période de dix mille ans.

Nous allons essayer maintenant de donner la description du mécanisme, ainsi que les fonctions des divers moteurs renfermés dans cette horloge.

Le moteur principal et le plus important étant celui qui mesure le temps, M. Vérité a dû nécessairement apporter toute son attention et tous ses soins à sa disposition et à son exécution.

Ce moteur est pourvu de deux mécanismes connus en horlogerie sous le nom de remontoirs d'égalité ; cette disposition nouvelle soustrait entièrement le pendule aux perturbations qui pourraient survenir par la résistance et l'inconstance des divers frottements occasionnés par le mécanisme compliqué de l'horloge, et en même temps elle sert à procurer l'immense avantage d'avoir un échappement dont les organes, étant très légers, diminuent considérablement les frottements et peuvent assurer aussi l'isochronisme des oscillations du pendule.

L'horloge transmettant, ainsi que nous l'avons dit dans la première partie de cette Notice, l'heure, les minutes et d'autres indications sur quatre grands cadrans, dont un de 3 mètres, placés sur les faces de la tour, et ayant en plus à conduire et faire fonctionner une partie du mécanisme dont nous allons bientôt parler, avait besoin d'un rouage moteur très fort, proportionné aux résistances qu'il doit vaincre. Avec un seul remontoir, il devenait indispensable de faire ses organes, ainsi que la roue d'échappement, en rapport avec ce rouage. Or, cette roue d'échappement, par son propre poids, aurait produit une résistance considérable, et pour un dernier mobile, c'eût été une imperfection fâcheuse. Il est évident que pour l'horloge dont nous donnons ici la description, il était important de la soustraire à un semblable défaut, afin d'obtenir une plus grande précision dans sa marche.

Le second remontoir est donc très délicat, la roue d'échappement très légère, et la force impulsive minime. Ces bonnes conditions ont pu être obtenues facilement, puisque ce n'est plus le dernier mobile du gros rouage moteur qui vient agir sur le levier d'arrêt de ce remontoir, mais au contraire seulement la petite force motrice déjà constante du premier remontoir. Cette disposition a procuré l'avantage de placer le pendule dans l'intérieur même de l'horloge; elle devenait aussi nécessaire pour laisser libre la place occupée par le planétaire et pour éviter les accidents qui seraient infailliblement arrivés si ce pendule eût été placé en avant du chevalet.

N'omettons pas de dire, dans cette description, que l'action de l'échappement, qui est à cheville, se fait directement sur le pendule; ce qui procure l'avantage de la suppression des frottements des deux pivots de la tige de l'ancre, du jeu inévitable de la fourchette

**

et du défaut de parallélisme qui existe souvent entre son axe et le plan d'oscillation du pendule. Cette disposition est si avantageuse, qu'il suffit d'un poids de 20 grammes au remontoir pour faire produire au pendule, pesant 30 kilogrammes, des oscillations de quatre degrés.

La compensation de ce pendule est obtenue par le moyen de neuf verges, dont cinq sont en acier et quatre en cuivre; la longueur des verges en cuivre étant, par rapport à celles d'acier, dans la même proportion que la différence de dilatation de ces deux métaux, il a été possible, après plusieurs expériences, d'obtenir une compensation satisfaisante. Aussi, pour que rien ne vienne troubler la durée des oscillations de ce pendule, M. Vérité s'est abstenu d'y placer une aiguille indiquant sur un limbe, d'une manière plus ou moins vraie, les degrés de dilatation ou de contraction des métaux, cette aiguille, quoique légère, ne pouvant contribuer, par son déplacement continuel, qu'à troubler son isochronisme.

Ce moteur principal, dont la vitesse est réglée par le pendule que nous venons de décrire, porte sur son premier mobile un mécanisme connu sous le nom de départ. C'est, en effet, une pièce circulaire faisant un tour par heure, divisée en soixante entailles carrées, fixée par un valet et portant quatre pieux saillants venant à chaque quart d'heure abaisser un levier nommé détente, et dégager ainsi le second moteur chargé de faire sonner les quarts doubles sur les cloches placées à l'extérieur de la tour, au-dessous du grand cadran. C'est encore ce même départ qui commande tous les cadrans extérieurs et tous ceux placés sur l'horloge, de sorte qu'en faisant tourner la pièce circulaire en avant ou en arrière d'une de ses divisions, on aura retardé ou avancé tous les cadrans d'une minute, quelle que soit leur indication, excepté celui indiquant les secondes, que rien ne peut déranger, non plus que les cadrans électriques.

Nous venons de voir que la détente du rouage moteur de la sonnerie des quarts étant par chaque quart d'heure abaissée, ce moteur, après avoir fait sonner les quatre quarts, vient à son tour dégager encore, par le secours d'une détente, un troisième moteur destiné à sonner les heures sur la plus grosse des trois cloches de l'extérieur.

Ces trois premiers moteurs sont les plus forts de l'horloge et reposent directement sur la base ou chevalet déjà décrit : le premier, mesurant le temps et occupant le milieu, se trouve en rapport direct avec le dauphin qu'on aperçoit sur la façade principale. Ce dauphin n'est autre chose qu'un levier mobile venant cacher sous sa queue le carré servant à recevoir la clef pour remonter le poids du mouvement ; or, pour pouvoir placer cette clef, il faut abaisser la queue de ce dauphin. Cet abaissement détermine dans l'intérieur du mécanisme l'élévation d'un poids auxiliaire venant s'embrayer dans un des mobiles du rouage et servant à entretenir le mouvement

de l'horloge, afin d'éviter tout temps d'arrêt pendant
le remontage du poids principal.

Les quatrième et cinquième moteurs trouvent leur
place de chaque côté du gros remontoir de cette horloge; ils ont pour destination de communiquer le
mouvement aux cinq statuettes placées dans la troisième partie supérieure de la façade : nous répétons
que les Apôtres occupent les deux niches extrêmes,
et les trois Vertus théologales celles intermédiaires.

Ces nouveaux moteurs sont pareils, et ils se trouvent
placés à proximité d'une tige de transmission faisant
un tour par heure et portant un limaçon qui élève
graduellement la détente de l'un d'eux, pour l'aban-
donner une minute après que l'heure a sonné à l'extérieur de la tour. Aussitôt, l'un de ces moteurs, en
fonctionnant, communique le mouvement à une série
de leviers qui font rentrer dans l'intérieur de l'horloge les Apôtres qui occupaient le devant des niches.
Pendant ce même mouvement, les deux statuettes l'Espérance et la Charité font un quart de tour sur elles-
mêmes pour se mettre en présence de la Foi.

Ces fonctions remplies, le même moteur, avant de
suspendre son mouvement, le communique à l'autre;
alors celui-ci fait fonctionner deux grands plateaux
horizontaux portant les douze Apôtres et placés dans
l'axe et à la hauteur de leurs niches; les statuettes
qui viennent de rentrer sont donc entraînées par le
mouvement de rotation de ces mêmes plateaux, et de
nouvelles statuettes sont alors en regard des niches

dans l'intérieur. C'est pendant les effets que nous décrivons, que la Foi, élevant deux fois son calice, se tourne vers l'Espérance et la Charité. Alors le premier moteur est mis une seconde fois en mouvement par ce dernier, et en faisant fonctionner de nouveau, mais en sens inverse, la série de leviers dont nous venons de parler, de nouveaux Apôtres sont sollicités à sortir de l'horloge et viennent en effet, guidés par un petit chemin de fer, se présenter à l'ouverture des niches pour y rester jusqu'à l'heure suivante. Pendant cette sortie des Apôtres, l'Espérance et la Charité ont également repris leur première position.

C'est maintenant aux sixième et septième moteurs à entrer en fonctions. Ces moteurs sont ceux qu'on aperçoit placés sur le devant de l'horloge, de chaque côté du pendule ; ils ont pour fonction de faire répéter les quarts et les heures dans l'intérieur de l'horloge, sur des timbres placés dans la partie supérieure.

C'est le moteur de gauche qui fonctionne tous les quarts d'heure ; il imprime le mouvement aux deux archanges saint Michel et saint Gabriel, dominant les coupoles à jour placées au-dessus des niches ; ces deux statuettes sonnent donc alternativement chacune un coup à chaque quart. Aussitôt que les quatre quarts sont sonnés, le septième moteur se met en mouvement et fait entendre l'heure sur le troisième timbre ; en même temps, il communique le mouvement aux bras des Apôtres, lesquels, avec l'instrument de leur martyre ou de leur dignité, frappent sur la petite clochette qu'ils tiennent de l'autre main le nombre de coups voulu.

Le huitième moteur, placé au-dessus du gros remontoir de l'horloge, ne remplit que deux fonctions par jour, une à midi, et l'autre à trois heures: c'est lui qui fait fonctionner les statuettes placées dans le petit temple supérieur, renfermant le tombeau de Notre Seigneur Jésus-Christ. La détente qui dégage le rouage est commandée encore par un axe faisant un tour par heure, portant aussi un limaçon servant à la levée de cette détente ; mais comme ce rouage ne doit fonctionner tous les jours qu'à midi et à trois heures, au moment de la résurrection et de la mort de Notre Seigneur, on a disposé à proximité de l'axe dont nous parlons, une roue de vingt-quatre dents en rochet, dont une dent seulement peut avancer par chaque heure. Or, cette roue fait un tour évidemment en vingt-quatre heures ; elle est portée aussi par un axe sur lequel se trouve fixé un disque dont la circonférence extérieure vient empêcher la détente en question de tomber à chaque heure, si ce n'est à l'heure de midi et de trois heures, où deux entailles faites à l'endroit convenable permettent à cette même détente de tomber, et par là même à ce huitième moteur de fonctionner.

C'est donc chaque jour à midi précis que ce moteur commence à fonctionner ; son second mobile fait alors un demi-tour seulement sur lui-même et vient, dans son mouvement, commander deux bielles en rapport par deux tirages avec un double levier destiné à faire opérer le mouvement convenable aux statuettes, pour que le Christ couché dans le sépulcre, en renversant la pierre qui le recouvre, apparaisse dans l'attitude du triomphe, tandis que les deux gardes sont, par l'effet contraire, renversés à terre.

A trois heures, la détente de ce même moteur, étant soulevée une seconde fois, permet au second mobile, qui n'avait fait qu'une demi-révolution, de la compléter entièrement; alors les bielles faisant mouvoir en sens inverse les statuettes, le Christ rentre dans le sépulcre que la pierre recouvre aussitôt, et les gardes viennent reprendre leur première position.

Ces statuettes sont équilibrées; il ne faut donc qu'une très petite force motrice pour les mettre en mouvement.

Le neuvième moteur, destiné, ainsi que nous l'avons dit dans l'autre partie, à reproduire l'heure des marées de chaque port sur les cadrans indicateurs, se trouve, au moyen d'une transmission spéciale, en rapport direct avec tous ces cadrans. Comme c'est à minuit que toutes ces indications doivent changer, ce n'est donc qu'à ce moment seulement qu'il doit fonctionner; à cet effet, il a été placé à proximité de l'autre, de sorte que le mécanisme que nous venons de décrire sert en même temps à ce rouage, qui ne peut fonctionner qu'une seule fois en vingt-quatre heures, et à minuit seulement.

Les aiguilles des cadrans des heures des marées devant avancer chaque fois de la quantité voulue pour reproduire la différence qui existe entre un jour lunaire et un jour moyen, il est devenu indispensable d'intercaler entre ce moteur et les cadrans un rouage astronomique dont le calcul soit tel qu'il fasse déplacer en avance les aiguilles de cette même différence.

Le mécanisme de la partie centrale emprunte aussi son mouvement au départ même de l'horloge; il est destiné à faire fonctionner en temps convenable les diverses aiguilles de seize des cadrans du centre, ainsi que celles des deux cadrans de gauche reproduisant la révolution chaldéenne, et également celles des deux cadrans de droite indiquant les années et siècles communs et bissextils.

Le centre de ce mécanisme est occupé par une très grande roue annuelle faisant sa révolution en trois cent soixante-cinq ou en trois cent soixante-six jours, selon que l'année est commune ou bissextile. Cette roue porte à sa circonférence extérieure 366 dents, à proximité desquelles on a disposé un axe faisant un tour en 24 heures. Cet axe porte un petit doigt qui à chacune de ses révolutions vient s'engager convenablement tous les jours, à minuit, dans la denture de la roue annuelle et faire avancer celle-ci d'une dent. Or, comme elle en a 366, sa révolution correspond à la longueur d'une année bissextile; mais comme il n'y en a qu'une sur quatre qui soit bissextile, il faut donc qu'elle accomplisse pen-

dant trois années consécutives sa révolution en
365 jours. Ce résultat s'obtient par l'intermédiaire
d'une toute petite roue satellite ayant seulement
quatre dents taillées en rochet, et qui se trouve em-
portée par la grande roue annuelle sur laquelle elle
se trouve fixée ; trois des quatre dents de cette petite
roue satellite sont un peu plus longues que l'autre et
viennent alternativement et pour chaque année saillir
sur la dent de la roue annuelle qui correspond au
28 février, de sorte que pendant trois années le petit
doigt dont nous avons parlé fait passer ce jour-là
deux dents au lieu d'une seule. Conséquemment la
roue annuelle fait un tour en 365 jours pendant
trois années de suite, et à la quatrième, qui est la
bissextile, la petite roue satellite ne venant pas présenter de dent saillante au 28 février, il n'en passera
qu'une seule ce jour-là ; or, la roue annuelle fera
donc cette année-là son tour en 366 jours.

C'est cette même roue annuelle qui fait de la manière suivante fonctionner les aiguilles de tous les
cadrans dont nous venons de parler.

L'indication du quantième des mois de l'année sur
le cadran du centre dont la division est de 366, a
permis d'attribuer 29 jours au mois de février. Cette
indication est donnée par une aiguille fixée sur l'axe
même de la roue annuelle. Cette aiguille marche
donc avec la même vitesse que cette roue ; conséquemment elle change d'une division sur le cadran
tous les jours à minuit, et indique ainsi jour par jour

le quantième du mois. Nous savons qu'au 28 février des années communes l'aiguille ne doit pas se fixer au 29, mais passer au delà pour venir indiquer le 1er mars. Cet effet a lieu, ainsi que nous l'avons dit plus haut, par le passage de deux dents de la roue annuelle au 28 février. La circonférence de ce même cadran est aussi divisée en douze parties inégales, mais en rapport avec la longueur de chaque mois : ces douze parties indiquent le nom de chaque mois de l'année.

Le premier cadran supérieur à celui dont nous venons de parler indique l'équation du temps, c'est-à-dire la différence qui existe entre le temps vrai et le temps moyen. Cet effet est obtenu par une ellipse placée sur l'axe de la grande roue annuelle ; contre cette ellipse vient presser un levier garni d'un rouleau ; l'ellipse, pendant le cours de l'année, fait donc mouvoir ce levier de la quantité voulue, tantôt dans un sens et tantôt dans l'autre, pour imprimer jour par jour le mouvement à l'aiguille et la faire varier de la quantité que le soleil a avancé ou retardé sur le temps moyen.

Les deux cadrans placés de chaque côté de celui de l'équation indiquent, l'un la longueur des jours, et l'autre la longueur des nuits pour chaque jour de l'année. Ce sont encore deux ellipses commandées par la roue annuelle, et dont chacune d'elles fait mouvoir un rateau venant commander une petite roue placée sous chaque cadran, dont l'axe porte l'aiguille *indicatrice* : chaque cadran est divisé en 24 heures consécutives, de sorte que dans les plus longs jours de l'année l'aiguille du cadran des jours indique que la durée du jour est de 16 heures 7 minutes, et celle de l'autre cadran laisse voir que la longueur de la nuit n'est que de 7 heures 53 minutes, *et vice versâ*. La somme de temps indiquée par chaque cadran forme toujours 24 heures. Les deux cadrans placés horizontalement avec celui du centre donnent, l'un les quatre saisons, et l'autre les douze signes du zodiaque. Le mécanisme de ces deux cadrans est simple : ce sont deux roues de renvoi ayant le même nombre de dents, lesquelles sont commandées par une semblable roue placée sur la roue annuelle ; or, leur vitesse étant la même, leurs axes font donc un tour par an et portent les aiguilles indiquant sur l'un les saisons et sur l'autre les signes du zodiaque.

Viennent maintenant les deux cadrans dont l'un indique les jours de la semaine et l'autre le signe des planètes correspondant à chaque jour. Il existe sous chacun d'eux une roue de sept dents taillée en rochet, fixée à sa place par un valet mobile ; l'axe de chaque roue porte l'aiguille venant indiquer sur l'un le jour et sur l'autre le signe correspondant à ce même jour. Le mouvement est communiqué à ces aiguilles par une bielle placée sur l'axe, faisant un tour en 24 heures et servant à faire avancer la roue annuelle au moyen du doigt dont nous avons parlé. Cette bielle est reliée à un double levier qui fait agir une traverse horizontale au-dessus des deux roues placées sous les cadrans. Cette traverse, par son mouvement diurne de va-et-vient, fait avancer chaque roue d'une dent toutes les nuits. Le valet, après s'être élevé, s'abaisse par sa seule pesanteur et vient de nouveau fixer en place ces roues dont les aiguilles ont changé d'indication.

Nous parlerons dans un instant du cadran laissant voir le millésime de l'année. Son mécanisme ne fonctionnant que tous les ans au 31 décembre pendant la nuit, nous le classons avec les cadrans dont les aiguilles ne se meuvent qu'au même moment. Nous savons déjà que ces cadrans sont au nombre de neuf, dont cinq donnent le comput, deux la révolution chaldéenne, et les deux autres indiquent les années et siècles communs et bissextils. Les mécanismes de ces neuf cadrans, solidaires entre eux, sont commandés par un levier dont l'extrémité vient appuyer, par l'effet d'une masse convenable, sur une courbe taillée en forme de limaçon et fixée sur la grande roue annuelle. Tous les ans, à minuit, ce limaçon abandonne à lui-même le levier dont il s'agit. Alors la masse imprime le mouvement convenable au mécanisme de chacun de ces neuf cadrans, pour leur faire produire pendant l'année les indications qui leur sont propres.

Il ne nous reste plus qu'à donner une idée du mécanisme produisant le millésime de l'année. Ce mécanisme est composé de quatre couronnes mobiles sur un même axe; sur chacune d'elles on a gravé les neuf chiffres avec le zéro ; elles sont toutes placées en regard et derrière le guichet du cadran, dont l'ouverture est telle qu'on ne peut apercevoir qu'un seul chiffre de chaque couronne ; or, comme elles sont mobiles, il devient facile d'amener en vue du guichet le millésime de l'année 1860. Chaque couronne se meut avec une vitesse qui lui est propre : la première à droite, étant celle des unités, fait son tour en dix ans ; la deuxième, étant celle des dizaines, fait par conséquent un tour en cent ans ; la troisième, celle des centaines, fait un tour en mille ans, et enfin la quatrième, celle des mille, n'accomplit sa révolution qu'en dix mille ans.

Voici donc comment l'effet se produit également au 31 décembre à minuit. Le même levier dont nous venons de parler, étant abandonné par le limaçon, vient faire, au moyen d'un pied de biche, avancer d'une division la couronne des unités, le chiffre 1 sera venu remplacer le zéro, on aura donc pour millésime 1861. Cette couronne des unités ayant fait un tour, entraînera avec elle la couronne des dizaines, mais d'un dixième de tour seulement : alors le chiffre six étant remplacé par le chiffre sept, on aura pour millésime 1870, et les choses se passeront de même à chaque fin d'année, jusqu'à ce que ce soient les quatre 9 qui viennent se présenter au guichet ; on sera alors en l'année 9999. Il suffirait de placer un 1 en avant du guichet pour obtenir une seconde période.

Nous arrivons maintenant à donner l'explication du mécanisme reproduisant le phénomène des marées.

Mais, avant d'entrer dans aucun détail, nous croyons utile de donner au lecteur une idée de la manière dont sont disposées les peintures représentant chaque port de mer.

Nous dirons de suite que le ciel de chaque peinture est mobile, c'est-à-dire qu'il peut tourner sur lui-même en un temps donné ;

Que toutes les petites lamelles représentant les vagues de la mer sont suspendues par chacune de leurs extrémités, au moyen de tiges mobiles, à des leviers dont l'usage va être expliqué ;

Que toutes les vagues sont disposées en forme d'éventails et superposées l'une à l'autre ; de sorte qu'en faisant mouvoir de bas en haut ou de haut en bas les leviers dont nous parlons, on imprime à ces vagues un mouvement ascendant ou descendant.

Ces vagues, devant avoir encore un mouvement de va-et-vient, afin d'augmenter l'illusion, ont un côté de leur extrémité engagé dans des leviers mobiles, agissant en sens inverse.

De petits navires, fixés sur quelques lamelles, mais ayant un point fixe à leur partie inférieure, reçoivent des lamelles un mouvement de roulis plus ou moins prononcé, selon que la mer est elle-même plus ou moins calme.

Voici donc comment s'opèrent toutes les fonctions des marées : un rouage astronomique, commandé

par un axe qui reçoit son mouvement du départ même
de l'horloge, et qui fait par conséquent un tour par
heure, est calculé de façon qu'un de ses mobiles fait
un tour en un jour lunaire très exactement; or, dans
l'espace d'un jour lunaire, il doit y avoir deux fois
haute mer. Ce résultat est obtenu par une ellipse
placée derrière chaque médaillon de marée, et portée
par l'axe vertical du mobile dont nous venons de
parler. Les ellipses ont chacune deux parties sail-
lantes et deux parties rentrantes; contre chacune
d'elles, viennent presser deux rouleaux fixés à l'extrémité des leviers tenant suspendues les lamelles représentant les vagues de la mer. Les ellipses, en tournant
sur elles-mêmes, écartent les rouleaux; les leviers
s'élèvent et la mer monte; ensuite, les parties rentrantes de ces mêmes ellipses permettent aux rouleaux
de se rapprocher: les leviers s'abaissent et la mer se
retire.

Voici donc le phénomène des marées reproduit
deux fois par jour lunaire; mais jusqu'ici nous n'avons
encore que des marées s'élevant au moment voulu,
il est vrai, mais toujours à la même hauteur, pour
redescendre ensuite au même niveau. Pour obtenir le
phénomène des hautes marées par rapport à l'âge de
la lune, voici en quoi le mécanisme consiste : le com-
plément du rouage astronomique dont nous venons
de parler se termine par un dernier mobile faisant
un tour, non plus en un jour lunaire, mais bien en un
mois lunaire, de sorte que l'axe de ce dernier mobile

s'élève aussi verticalement derrière les cadrans lunaires et porte aux endroits voulus des couronnes dont la partie inférieure est aussi taillée en ellipse, et contre chacune d'elles vient presser un galet mobile, fixé à l'extrémité d'un levier, lequel en s'abaissant ou en s'élevant deux fois par mois lunaire, vient ajouter ou retrancher à l'effet que produit chacune des ellipses faisant les hautes ou basses mers. Ce résultat est obtenu avec une exactitude telle, que la différence dans le calcul n'est que de deux tierces par lunaison. Or, en supposant en nombres ronds douze lunaisons par an, nous n'avons que vingt-quatre tierces, soit même une demi-seconde, ce qui ne ferait qu'une minute de différence en cent vingt ans.

Les dixième et onzième moteurs sont entièrement indépendants de tout le mécanisme de l'horloge et ne s'y rattachent par aucun point; ils servent à animer les peintures, en leur communiquant les mouvements dont nous avons parlé plus haut. Ainsi, le ciel de chaque port de mer tourne sur lui-même par un mouvement qui lui est communiqué par l'un de ces moteurs; le dernier mobile de chaque moteur porte une bielle faisant faire un mouvement alternatif à un double levier placé horizontalement. C'est ce double levier qui produit le va-et-vient des vagues, sans cependant le leur communiquer directement; car un mécanisme intermédiaire, commandé par un excentrique fixé sur l'axe de chaque peinture représentant un ciel, vient au moment opportun augmenter ou

diminuer ce mouvement de va-et-vient, et les choses
sont combinées de manière que quand l'aspect du ciel
est pur, la mer est calme; puis on voit à l'horizon
poindre un nuage, ce nuage s'élever et grossir pro-
gressivement; enfin le ciel devient très sombre, et
la mer à ce moment est agitée et très houleuse. C'est
l'image de la tempête : les petits navires éprouvent un
mouvement de roulis et de tangage très prononcé;
enfin, peu à peu le ciel s'éclaircit et la mer redevient
calme. Ces effets de tempête ne se reproduisent pas à
des instants périodiques réguliers; la disposition du
mécanisme est telle qu'ils ont lieu à des moments imprévus.

Pour régulariser le mouvement des deux moteurs
des marées, M. Vérité a employé le pendule conique;
chaque pendule, d'un mètre de longueur, fait un tour
en deux secondes et procure, pour l'usage où ils sont
employés, l'immense avantage d'avoir un mouvement
de rotation continu; ces pendules, placés à chaque
extrémité du mécanisme de l'horloge, font un effet
très agréable à la vue.

Les douzième et treizième moteurs sont deux musiques à ressorts-timbres placées sur un caisson en
sapin afin d'augmenter leur sonorité; le changement
des airs s'opère seul, et elles en font entendre un
nouveau à chaque quart d'heure; elles jouent pendant douze heures. Une transmission de l'horloge
est en rapport direct avec leur mécanisme, et la
disposition est telle que cette transmission ne leur

communique le mouvement que du matin au soir.

Nous devons, en terminant cette notice, mentionner les noms des divers artistes qui ont travaillé à cette œuvre, intéressante sous tant de rapports.

Nous citerons en commençant M. Beaudoin, chef des ateliers et contre-maître chez M. Vérité; cet artiste intelligent et dévoué a suivi et surveillé avec une attention particulière l'exécution du travail; c'est lui aussi qui a secondé M. Vérité dans la pose de cette horloge à la cathédrale de Besançon.

Les sculptures qui ornent cette horloge sont dues au ciseau de M. Greber, de Beauvais.

La menuiserie a été entreprise par M. Duquesne, de Beauvais, et exécutée avec un talent et un soin extrêmes par M. Daille.

Les peintures des huit ports de mer sont dues au pinceau de M. Auguste Millice, directeur des élèves de la manufacture impériale des tapisseries de Beauvais.

La décoration et la dorure ont été exécutées par M. Campion, peintre décorateur à Beauvais.

Toutes les parties qui composent cette horloge ont été étudiées par M. Vérité, qui a désiré que tout fût fait à Beauvais.

Les deux musiques qui fonctionnent dans cette horloge sortent des ateliers de M. Redier, de Paris.

Nous croirions manquer à la reconnaissance si nous ne mentionnions pas ici le nom de M. Achille Brocot, de Paris, qui a bien voulu aider M. Vérité dans les calculs des rouages astronomiques de l'horloge.

Appareil destiné à démontrer et à rendre visible le mouvement de rotation de la terre sur elle-même.

Dans la salle même de l'horloge, M. Vérité a eu la pensée et le désir de reproduire la belle expérience due à M. Léon Foucaut, par laquelle ce savant distingué a pu, avec son pendule placé alors au Panthéon à Paris, attirer l'attention, la fixer, et convaincre les plus incrédules que la terre tourne réellement sur elle-même.

Son Eminence ayant accueilli favorablement la demande de M. Vérité, ce dernier s'est empressé, avant de terminer la pose de l'horloge, d'établir l'appareil nécessaire pour cette démonstration.

Voici sommairement la description de cet instrument :

Au-dessus d'un cadran horizontal, on peut faire mouvoir dans deux directions différentes une boule en cuivre, terminée par une pointe à sa partie inférieure, et suspendue à la voûte par un fil métallique.

Il existe sur ce cadran deux séries de divisions différentes : l'une d'elles est divisée de façon que chaque division répondrait à cinq minutes si une aiguille placée au centre faisait un tour en 24 heures ou en 86,400 secondes.

Chaque division de l'autre série répondrait également à cinq minutes, si une aiguille, également au centre, faisait un tour en 32 h. 41 m. 52 s., ou en 117,712 secondes.

Or, si l'instrument était placé au pôle même de la terre, et qu'on fît décrire au pendule des oscillations au-dessus de la première série, il passerait d'abord sur la première division, puis cinq minutes après sur la seconde, et ainsi de suite. De sorte que s'il oscillait pendant 24 heures, le cadran ayant fait un tour sur lui-même, le pendule se trouverait encore à son point de départ.

Mais en faisant l'expérience à la latitude de Besançon, qui se trouve à 47° 14', la révolution ne s'opère plus qu'en 32 h. 41 m. 52 s. Or, en faisant osciller ce même pendule sur la seconde série, il oscillera d'abord au-dessus d'une première division, puis cinq minutes après sur la seconde, et ainsi de suite. La direction de ce pendule ne pouvant se déplacer, il devient évident que c'est la terre qui, en tournant sur elle-même, emporte avec elle et l'édifice et le disque. On en acquiert encore la preuve en voyant toujours le disque se déplacer dans le même sens.

Cette expérience, nous n'en doutons pas, sera très intéressante pour les personnes curieuses et amies de la science; elle donnera aussi, une fois de plus, une idée de la toute-puissance de Dieu.

BESANÇON, IMPRIMERIE DE J. JACQUIN.

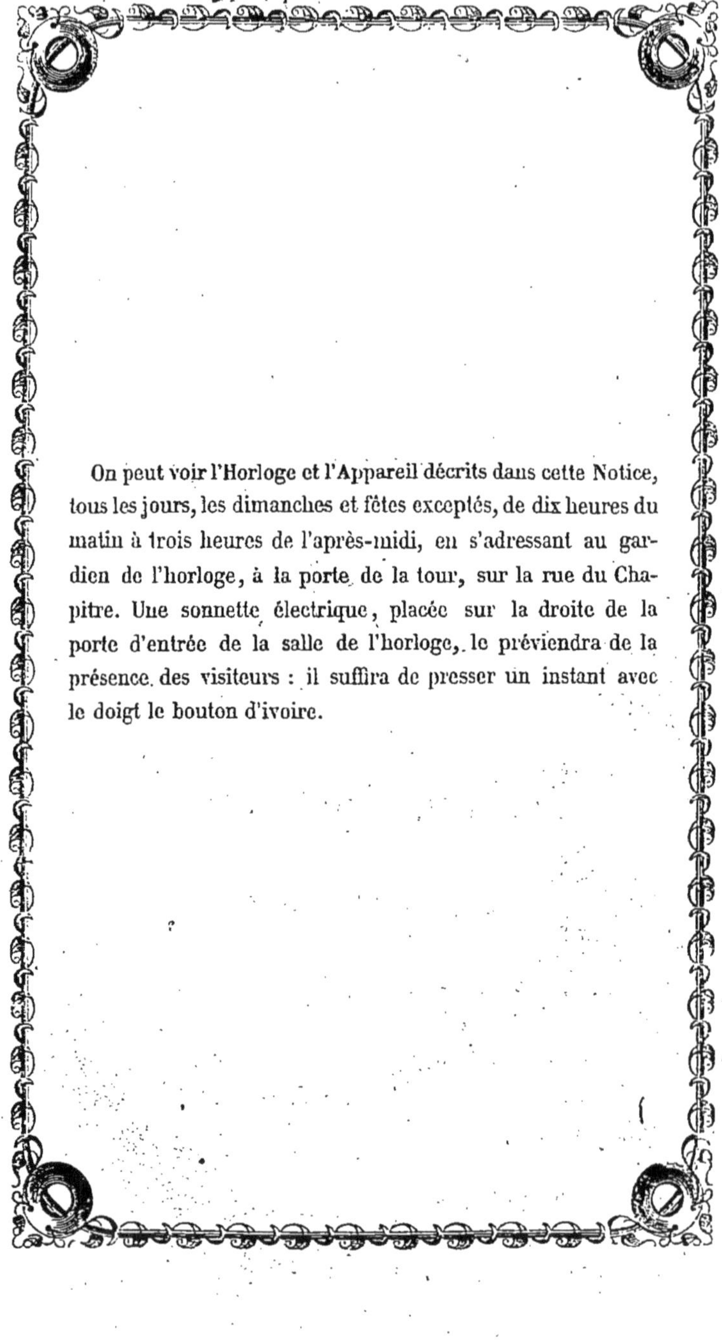

On peut voir l'Horloge et l'Appareil décrits dans cette Notice,
tous les jours, les dimanches et fêtes exceptés, de dix heures du
matin à trois heures de l'après-midi, en s'adressant au gar-
dien de l'horloge, à la porte de la tour, sur la rue du Chapitre. Une sonnette électrique, placée sur la droite de la
porte d'entrée de la salle de l'horloge, le préviendra de la
présence des visiteurs : il suffira de presser un instant avec
le doigt le bouton d'ivoire.

9 782013 404884